CONTEÚDO DIGITAL PARA ALUNOS

Cadastre-se e transforme seus estudos em uma experiência única de aprendizado:

1 Entre na página de cadastro:
www.editoradobrasil.com.br/sistemas/cadastro

2 Além dos seus dados pessoais e de sua escola, adicione ao cadastro o código do aluno, que garantirá a exclusividade do seu ingresso a plataforma.

6793784A2062576

CB040635

3 Depois, acesse: www.editoradobrasil.com.br/leb
e navegue pelos conteúdos digitais de sua coleção :D

Lembre-se de que esse código, pessoal e intransferível, é valido por um ano. Guarde-o com cuidado, pois é a única maneira de você utilizar os conteúdos da plataforma.

Editora do Brasil

BRINCANDO COM NATUREZA E SOCIEDADE

Jaime Teles da Silva
Graduado em Pedagogia
Bacharel e licenciado em Educação Física
Especializado em Educação Física Escolar
Professor na rede municipal

Letícia Garcia
Formada em Pedagogia
Professora de Educação Infantil

Vanessa Mendes Carrera
Mestre em Educação
Pós-graduada em Alfabetização e Letramento
Graduada em Pedagogia
Professora de Educação Infantil e do 1º ano
do Ensino Fundamental

Viviane Osso L. da Silva
Pós-graduada em Neurociência Aplicada à Educação
Pós-graduada em Educação Inclusiva
Graduada em Pedagogia
Professora de Educação Infantil e do 1º ano
do Ensino Fundamental

2
Educação Infantil

Editora do Brasil

Dados Internacionais de Catalogação na Publicação (CIP)
(Câmara Brasileira do Livro, SP, Brasil)

> Brincando com natureza e sociedade:
> educação infantil 2 / Jaime Teles da Silva...[et al.].
> – São Paulo: Editora do Brasil, 2019.
>
> Outros autores: Letícia García, Vanessa
> Mendes Carrera, Viviane Osso L. da Silva.
> ISBN 978-85-10-07792-7 (aluno)
> ISBN 978-85-10-07793-4 (professor)
>
> 1. Educação infantil I. Silva, Jaime Teles da. II.
> García, Letícia. III. Carrera, Vanessa Mendes. IV.
> Silva, Viviane Osso L. da..
>
> 19-28805   CDD-372.21

Índices para catálogo sistemático:
1. Educação infantil 372.21
Maria Alice Ferreira – Bibliotecária – CRB-8/7964

© Editora do Brasil S.A., 2019
Todos os direitos reservados

Direção-geral: Vicente Tortamano Avanso

Direção editorial: Felipe Ramos Poletti
Gerência editorial: Erika Caldin
Supervisão de arte e editoração: Cida Alves
Supervisão de revisão: Dora Helena Feres
Supervisão de iconografia: Léo Burgos
Supervisão de digital: Ethel Shuña Queiroz
Supervisão de controle de processos editoriais: Roseli Said
Supervisão de direitos autorais: Marilisa Bertolone Mendes

Supervisão editorial: Carla Felix Lopes
Coordenação pedagógica: Vanessa Mendes Carrera
Edição: Jamila Nascimento
Assistência editorial: Beatriz Pineiro Villanueva
Auxílio editorial: Marcos Vasconcelos
Copidesque: Gisélia Costa e Ricardo Liberal
Revisão: Andréia Andrade, Fernanda Prado e Marina Moura
Pesquisa iconográfica: Elena Molinari e Tatiana Lubarino
Assistência de arte: Josiane Batista
Design gráfico: Gabriela César e Megalo Design
Capa: Megalo Design
Imagem de capa: Graziela Andrade
Ilustrações: Adolar, Agueda Horn, Andréia Vieira, Brambilla, Cibele Queiroz, Claudia Marianno, DAE, Desenhorama, Eduardo Belmiro, Estúdio Dois de Nós, Fábio Yoshihito Matsuura, Fernando Raposo, Flip Estúdio, Henrique Brum, Lilian Gonzaga, Marcos Machado, Megalo Design, Paulo José, Rodrigo Arraya, Saulo Nunes Marques
Coordenação de editoração eletrônica: Abdonildo José de Lima Santos
Editoração eletrônica: Viviane Yonamine
Licenciamentos de textos e produção fonográfica: Cinthya Utiyama, Jennifer Xavier, Paula Harue Tozaki e Renata Garbellini
Controle de processos editoriais: Bruna Alves, Carlos Nunes e Stephanie Paparella

1ª edição / 3ª impressão, 2023
Impresso na A. R. Fernandez.

Rua Conselheiro Nébias, 887
São Paulo/SP – CEP 01203-001
Fone: +55 11 3226-0211

www.editoradobrasil.com.br

APRESENTAÇÃO

QUERIDA CRIANÇA,

VAMOS BRINCAR DE APRENDER? AFINAL, QUEM BRINCA APRENDE!

NESTE LIVRO, VOCÊ VAI CONHECER HISTÓRIAS, APRENDER BRINCADEIRAS, RECITAR CANTIGAS E PARLENDAS, BRINCAR DE ADIVINHAR, PINTAR, DESENHAR, REFLETIR SOBRE SITUAÇÕES DO DIA A DIA E COMPARTILHAR EXPERIÊNCIAS COM OS COLEGAS.

VOCÊ TAMBÉM VAI CRIAR E RECRIAR ARTE DO SEU JEITINHO, EXPLORANDO DIVERSOS MATERIAIS E DESCOBRINDO FORMAS CRIATIVAS DE UTILIZÁ-LOS.

FICOU ANIMADA?

ENTÃO, EMBARQUE NESTA DIVERTIDA APRENDIZAGEM E BOA BRINCADEIRA!

OS AUTORES

SUMÁRIO

BRINCANDO COM CIÊNCIAS ... **6 A 47**

DIVERSIDADE DE PESSOAS ...... **6 A 8**
AUTORRETRATO; IDENTIFICAÇÃO DE DIFERENÇAS FÍSICAS; PARLENDA.

CORPO HUMANO .... **9 A 12**
PARTES DO CORPO HUMANO; DESENHO COM PARTES DIFERENTES DO CORPO; MONTAGEM DE QUEBRA-CABEÇA.

HÁBITOS DE HIGIENE E SAÚDE ... **13 A 17**
ESPORTES E ATIVIDADES FÍSICAS; SEGURANÇA DOMÉSTICA; POEMA; ALIMENTOS SAUDÁVEIS; IDENTIFICAÇÃO DE HÁBITOS DE HIGIENE E SAÚDE.

OS SENTIDOS .... **18 A 22**
OS CINCO SENTIDOS; ÓRGÃOS DOS SENTIDOS; CONFECÇÃO DE UM TELEFONE.

SERES VIVOS E ELEMENTOS NÃO VIVOS .... **23 A 24**
DIFERENCIAÇÃO ENTRE SERES VIVOS E ELEMENTOS NÃO VIVOS; CLASSIFICAÇÃO.

ANIMAIS .... **25 A 32**
CICLO DE VIDA; ALIMENTAÇÃO; COBERTURAS DOS CORPOS; DIFERENTES FORMAS DE LOCOMOÇÃO; ANIMAIS DOMESTICADOS E SILVESTRES; HÁBITATS; ALIMENTOS DE ORIGEM ANIMAL; POEMA; QUADRINHA; CANTIGA.

PLANTAS .... **33 A 40**
CICLO DE VIDA; CUIDADOS; PARTES DE UMA ÁRVORE; PRODUTOS DE ORIGEM VEGETAL; PREFERÊNCIAS ALIMENTARES; POEMA; ADIVINHA.

ASTROS .... **41 A 42**
DIA E NOITE; POEMA.

RECURSOS NATURAIS .... **43 A 44**
PERCEPÇÃO DO AR; UTILIZAÇÃO DA ÁGUA.

EDUCAÇÃO AMBIENTAL .... **45 A 47**
PRESERVAÇÃO DE RECURSOS DA NATUREZA: ÁGUA E ENERGIA; DESCARTE ADEQUADO DE LIXO; RECICLAGEM E REUTILIZAÇÃO DE OBJETOS.

BRINCANDO COM HISTÓRIA ... **48 A 74**

IDENTIDADE .... **48 A 53**
PARLENDA; NOME E IDADE; BRINCADEIRAS FAVORITAS; PASSAGEM DO TEMPO; MOMENTOS IMPORTANTES DA HISTÓRIA PESSOAL.

DIREITOS E DEVERES DAS CRIANÇAS .... **54 A 59**
DIREITO À EDUCAÇÃO, AO LAZER E A UMA FAMÍLIA; POEMA; DIVERSIDADE E RESPEITO ÀS DIFERENÇAS; DEVERES DAS CRIANÇAS.

FAMÍLIAS .... **60 A 64**
MEMBROS DA FAMÍLIA; TRAÇADO DE CÍRCULO DE ACORDO COM LEGENDA; CONFECÇÃO DE UM PORTA-RETRATOS; NARRATIVA; TAREFAS DOMÉSTICAS; BRINCADEIRAS ANTIGAS × ATUAIS; LAZER EM FAMÍLIA.

NÃO ESTOU SOZINHO .... **65 A 68**
COLEGAS DA ESCOLA; REGRAS DE CONVIVÊNCIA; ATITUDES BOAS × RUINS; EXPRESSÕES EDUCADAS: POR FAVOR, OBRIGADO, COM LICENÇA, DESCULPE; VIZINHOS E BOA CONVIVÊNCIA.

O TEMPO PASSA .... **69 A 71**
INSTRUMENTOS DE CONTROLE DO TEMPO; ATIVIDADES DIURNAS E NOTURNAS; DATAS DE ANIVERSÁRIO; FASES DO CRESCIMENTO; PAISAGENS ANTIGAS × NOVAS.

INFLUÊNCIAS CULTURAIS ...... **72 A 74**
CULINÁRIA: QUINDIM, FEIJOADA E MANDIOCA; RECEITA.

BRINCANDO COM GEOGRAFIA ... 75 A 120

ESPAÇOS URBANOS E RURAIS ... 75 A 77
DIFERENTES PAISAGENS; ATIVIDADES ESPECÍFICAS DE CADA ESPAÇO: TRABALHO E LAZER.

TRANSFORMAÇÃO DO ESPAÇO ... 78 A 80
MUDANÇAS NA PAISAGEM; PROCESSO DE URBANIZAÇÃO; CANTIGA.

COMO É O LUGAR ONDE VOCÊ VIVE? ... 81 A 84
POEMA; ESTABELECIMENTOS DE UM BAIRRO; MEIOS DE TRANSPORTE; ATIVIDADES DE LAZER.

A CASA ... 85 A 89
DIFERENTES TIPOS DE MORADIA; CÔMODOS DA CASA; AMBIENTE PREFERIDO.

A ESCOLA ... 90 A 93
TIPOS DE ESCOLA; ATIVIDADES ESCOLARES; ÁREAS DA ESCOLA E SUAS FUNÇÕES; PROFISSIONAIS DA ESCOLA.

PROFISSÕES ... 94 A 97
DIFERENTES PROFISSÕES; INSTRUMENTOS DE TRABALHO; PROFISSÕES DOS FAMILIARES; AMBIENTES DE TRABALHO.

O TEMPO – CONDIÇÕES ATMOSFÉRICAS ... 98 A 100
DIFERENTES CONDIÇÕES CLIMÁTICAS; INFLUÊNCIAS DO CLIMA NA PAISAGEM; TIRINHA.

ESTAÇÕES DO ANO ... 101 A 103
ESTAÇÕES DO ANO; POEMA.

HIDROGRAFIA ... 104 A 105
LAGOS E RIOS.

RELEVO ... 106 A 107
ELEMENTOS DA PAISAGEM: MONTANHA E PLANÍCIE; CARACTERÍSTICAS: ÍNGREME E PLANO.

ORIENTAÇÃO ESPACIAL ... 108 A 111
MAIS ALTO E MAIS BAIXO, AO LADO E EM FRENTE.

MEIOS DE COMUNICAÇÃO ... 112 A 114
DIFERENTES MEIOS DE COMUNICAÇÃO: JORNAL, TELEVISÃO, COMPUTADOR, RÁDIO, CELULAR, TELEFONE; TIRINHA.

MEIOS DE TRANSPORTE ... 115 A 117
DIFERENTES MEIOS DE TRANSPORTE: AÉREOS, AQUÁTICOS E TERRESTRES; MONTAGEM DE UM CARRINHO.

TRÂNSITO ... 118 A 120
SINAIS DE TRÂNSITO; SIGNIFICADOS DAS CORES DO SEMÁFORO.

BRINCANDO COM DATAS COMEMORATIVAS ... 121 A 144

CARNAVAL ... 121
PÁSCOA ... 122
DIA NACIONAL DO LIVRO INFANTIL ... 123
DIA DO ÍNDIO ... 124
DESCOBRIMENTO DO BRASIL ... 125
DIA DO TRABALHO ... 126
DIA DAS MÃES ... 127
DIA DO MEIO AMBIENTE ... 129
FESTAS JUNINAS ... 130
DIA DOS PAIS ... 131
DIA DO FOLCLORE ... 133
DIA DA INDEPENDÊNCIA DO BRASIL ... 134
DIA DA ÁRVORE ... 135
DIA INTERNACIONAL DO IDOSO ... 136
DIA DA CRIANÇA ... 137
DIA DO PROFESSOR ... 139
DIA DA BANDEIRA ... 141
DIA DA CONSCIÊNCIA NEGRA ... 143
NATAL ... 144

ENCARTES DE ADESIVOS ... 145 A 152
ENCARTES DE PICOTES ... 153 A 160

BRINCANDO COM CIÊNCIAS

DIVERSIDADE DE PESSOAS

FAÇA SEU AUTORRETRATO.

NINGUÉM É IGUAL A NINGUÉM

JÁ PENSOU SE TODOS FOSSEM IGUAIS? ACHO QUE AS PESSOAS TERIAM QUE ANDAR COM O NOME ESCRITO NA TESTA PARA NÃO SER CONFUNDIDAS COM AS OUTRAS.

REGINA OTERO E REGINA RENNÓ. NINGUÉM É IGUAL A NINGUÉM. SÃO PAULO: EDITORA DO BRASIL, 2008. P. 11.

VAMOS IDENTIFICAR NOSSAS DIFERENÇAS FÍSICAS? PODE SER: COR DOS OLHOS, COR DA PELE, TIPO DE CABELO, ALTURA E ATÉ MESMO O TAMANHO DOS PÉS.

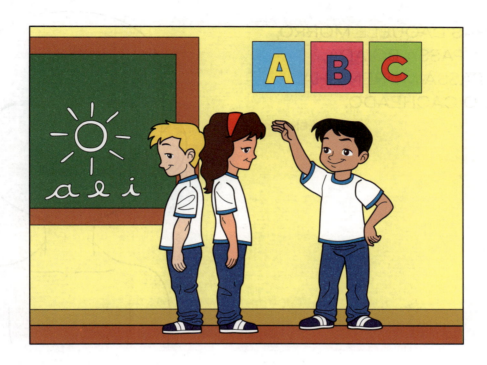

DESENHE AS SUAS CARACTERÍSTICAS FÍSICAS DE QUE VOCÊ MAIS GOSTA.

OUÇA A LEITURA DA PARLENDA. DEPOIS, DESENHE OS OLHOS E O CABELO CACHEADO DA MORENINHA.

POR DETRÁS DAQUELE MORRO,
PASSA BOI, PASSA BOIADA,
TAMBÉM PASSA MORENINHA,
DE CABELO CACHEADO.

PARLENDA.

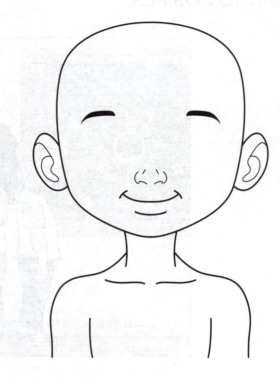

E SE O FINAL DA PARLENDA MUDASSE? CIRCULE O PERSONAGEM QUE MAIS SE ENCAIXA NA DESCRIÇÃO.

POR DETRÁS DAQUELE MORRO,
PASSA BOI, PASSA BOIADA,
TAMBÉM PASSA RUIVINHO,
DE CABELO LISINHO.

PARLENDA.

CORPO HUMANO

VOCÊ E OS COLEGAS VÃO BRINCAR DE **PEGA-PEGA**. DEPOIS DE BRINCAR, MARQUE COM **X** AS PARTES DO CORPO QUE CORRESPONDEM ÀS PARTES PEGAS PELOS COLEGAS.

QUAL PARTE DE SEU CORPO VOCÊ USOU PARA PEGAR OS COLEGAS NA BRINCADEIRA? PINTE-A.

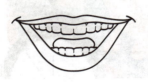 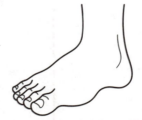 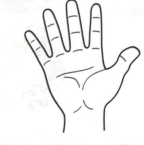

UTILIZAMOS DIFERENTES PARTES DE NOSSO CORPO PARA FAZER AS ATIVIDADES DO DIA A DIA.

CUBRA OS PONTILHADOS PARA DESCOBRIR QUE PARTES USAMOS EM CADA AÇÃO A SEGUIR.

CORRER PARA BRINCAR DE PEGA-PEGA COM OS AMIGOS.

SENTIR O GOSTO DOS ALIMENTOS.

OUVIR UMA MÚSICA.

ACARICIAR UM ANIMALZINHO.

ALGUMAS PESSOAS COM DEFICIÊNCIA FÍSICA USAM OUTRAS PARTES DO CORPO, COMO A BOCA OU OS PÉS, PARA PINTAR.

VOCÊ JÁ DESENHOU USANDO OUTRA PARTE DO CORPO? QUE TAL EXPERIMENTAR?

ESCOLHA UMA PARTE DO CORPO PARA SEGURAR A CANETINHA HIDROCOR E FAÇA UM DESENHO A SEGUIR.

DESTAQUE E MONTE O QUEBRA-CABEÇA DA PÁGINA 153. DEPOIS, COLE-O AQUI.

HÁBITOS DE HIGIENE E SAÚDE

COLE OS ADESIVOS DA PÁGINA 145 PARA COMPLETAR A CENA EM QUE JOAQUIM TOMA BANHO.

O QUE DEVEMOS FAZER COM AS ROUPAS SUJAS?

ATIVIDADES FÍSICAS FAZEM MUITO BEM À SAÚDE.
JOAQUIM GOSTA DE BRINCAR DE BOLA COM SUA VIZINHA, MARIANA.
LIGUE AS BOLAS AO ESPORTE CORRESPONDENTE.

E VOCÊ, QUAL É O ESPORTE OU A ATIVIDADE FÍSICA DE QUE MAIS GOSTA? DESENHE.

MARIANA ESTAVA BRINCANDO EM CASA QUANDO PERCEBEU ALGO ERRADO NA COZINHA. MARQUE UM **X** NO QUE ELA **NÃO** DEVE FAZER.

MEXER NO FOGÃO SEM SUPERVISÃO.

CHAMAR UM ADULTO.

DEVEMOS TOMAR CUIDADO PARA QUE NÃO ACONTEÇAM TAMBÉM OUTROS TIPOS DE ACIDENTES. VOCÊ CONHECE ALGUM DELES? CIRCULE ONDE ESTÁ O PERIGO.

O PAI DE JOAQUIM ESTÁ PREPARANDO UMA REFEIÇÃO PARA ELE. CIRCULE DE **VERDE** OS ALIMENTOS SAUDÁVEIS QUE ELE DEVE PREPARAR.

COMIDINHA CASEIRA
[...]
VIVA A COMIDINHA CASEIRA!
A COMIDINHA SAUDÁVEL,
LEVE E MANEIRA!
VIVA! VIVA! VIVA!

JONAS RIBEIRO.

OS ALIMENTOS QUE VOCÊ NÃO CIRCULOU FAZEM MAL À SAÚDE?

DEPOIS DE COMER, JOAQUIM FOI ESCOVAR OS DENTES.

PINTE O QUE VOCÊ TAMBÉM COSTUMA FAZER PARA MANTER OS HÁBITOS DE HIGIENE E SAÚDE.

ESCOVAR OS DENTES.

PENTEAR O CABELO.

LAVAR AS MÃOS.

COMER.

DORMIR.

VESTIR-SE.

OS SENTIDOS

GIOVANA GOSTA MUITO DE COMER MAÇÃ. DESENHE NOS QUADROS A SEGUIR O QUE VOCÊ MAIS GOSTA DE:

COMER

OUVIR

VER

CHEIRAR

TOCAR

POR MEIO DO TATO, SENTIMOS AS DIFERENTES TEXTURAS. COMPLETE A PAISAGEM DA PRAIA COLANDO AREIA. DEPOIS, PASSE AS MÃOS SOBRE ELA E SINTA COMO FICOU.

MARCELO ESTAVA OBSERVANDO A TIA FAZER UM BOLO QUANDO ELA O CHAMOU PARA AJUDAR. PINTE AS CENAS E DEPOIS CONTE O QUE ACHA QUE ACONTECEU NESSA HISTÓRIA.

PARA AGUÇAR A AUDIÇÃO, QUE TAL CRIAR UM TELEFONE COM COPINHOS DESCARTÁVEIS?

MATERIAL:

COMO FAZER

CUBRA OS PONTILHADOS PARA FAZER O FIO DO TELEFONE.

SERES VIVOS E ELEMENTOS NÃO VIVOS

OS SERES VIVOS NASCEM, CRESCEM, PODEM SE REPRODUZIR, ENVELHECEM E MORREM.

CIRCULE OS SERES VIVOS.

QUAL ELEMENTO VOCÊ NÃO CIRCULOU?

DESENHE OUTROS ELEMENTOS NÃO VIVOS.

DESTAQUE AS IMAGENS DA PÁGINA 145 E COLE-AS ABAIXO, CLASSIFICANDO-AS EM SERES VIVOS E ELEMENTOS NÃO VIVOS.

SERES VIVOS	ELEMENTOS NÃO VIVOS

ANIMAIS

OS ANIMAIS, COMO TODOS OS SERES VIVOS, NASCEM, CRESCEM, PODEM SE REPRODUZIR, ENVELHECEM E MORREM.

VAMOS NUMERAR AS IMAGENS DE ACORDO COM O CICLO DE VIDA DESTE SER VIVO?

A VACA É UM SER VIVO E PRECISA ALIMENTAR-SE PARA CRESCER E SOBREVIVER. LEVE A VACA E OS OUTROS SERES VIVOS ATÉ OS ALIMENTOS QUE COSTUMAM COMER.

COMO É A COBERTURA DO CORPO DE CADA ANIMAL? CUBRA OS TRACEJADOS USANDO UMA COR PARA CADA ANIMAL E DESCUBRA A RESPOSTA.

> JACARÉ DE TODOS OS TONS: VERDE-CLARO, ESCURO OU AMARELO. QUANTO MAIS TIPO DE COR, MAIS BELO.
>
> **ELLEN PESTILI. IGUAL OU DIFERENTE, DEPENDE DO OLHAR DA GENTE.** SÃO PAULO: EDITORA DO BRASIL, 2016. P. 12-13.

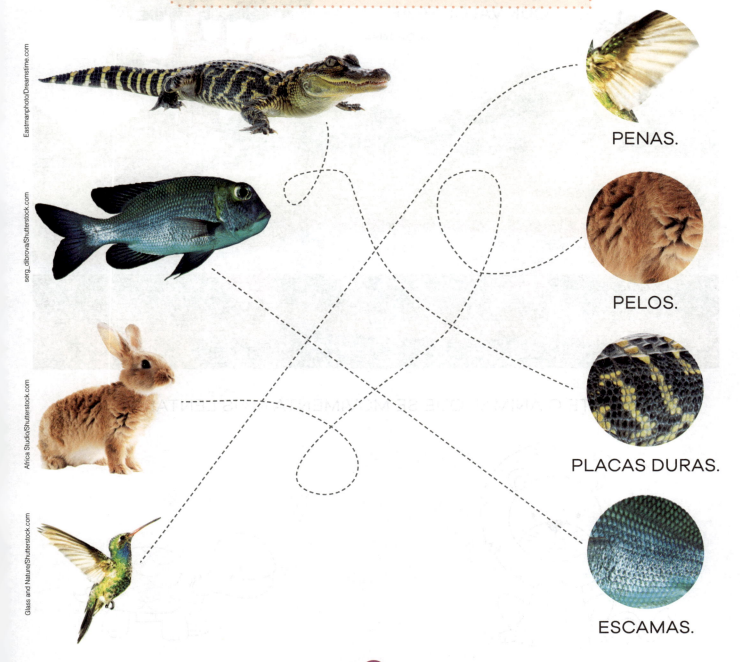

PENAS.

PELOS.

PLACAS DURAS.

ESCAMAS.

OBSERVE A CENA. DEPOIS, CIRCULE DE:
- **VERMELHO** OS ANIMAIS QUE VOAM;
- **AZUL** OS ANIMAIS QUE NADAM;
- **AMARELO** OS ANIMAIS QUE RASTEJAM;
- **VERDE** OS ANIMAIS QUE ANDAM NA TERRA SOBRE AS PATAS.

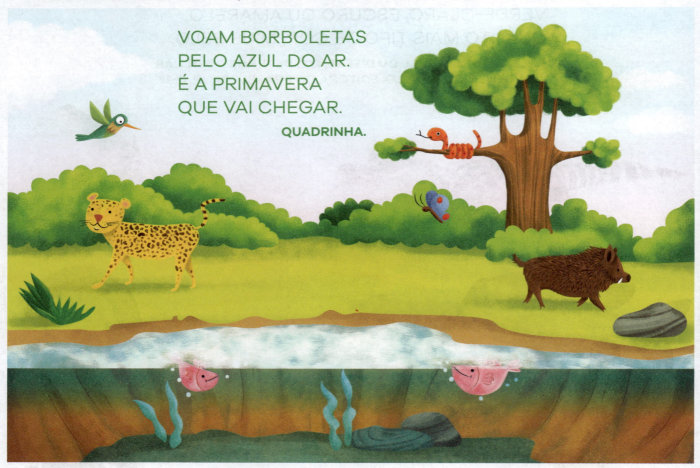

VOAM BORBOLETAS
PELO AZUL DO AR.
É A PRIMAVERA
QUE VAI CHEGAR.

QUADRINHA.

AGORA, PINTE O ANIMAL QUE SE MOVIMENTA MAIS LENTAMENTE.

ALGUNS ANIMAIS VIVEM LIVRES NA NATUREZA. ELES SÃO CONHECIDOS COMO ANIMAIS SILVESTRES. MARQUE COM **X** OS ANIMAIS SILVESTRES.

OS ANIMAIS QUE PODEM VIVER PERTO DOS SERES HUMANOS SÃO CHAMADOS DE ANIMAIS DOMESTICADOS. VOCÊ CONHECE ALGUM? DESENHE-O.

OS ANIMAIS VIVEM EM DIFERENTES AMBIENTES. PINTE OS ANIMAIS E CUBRA OS TRACEJADOS PARA LEVÁ-LOS AO LOCAL EM QUE COSTUMAM ESTAR.

O PATINHO SE PERDEU DA MAMÃE PATA. AJUDE-OS A SE REENCONTRAREM. DEPOIS, PINTE-OS.

TODOS OS PATINHOS

TODOS OS PATINHOS
SABEM BEM NADAR,
CABEÇA PARA BAIXO,
RABINHO PARA O AR.

QUANDO ESTÃO CANSADOS,
DA ÁGUA VÃO SAIR.
DEPOIS EM GRANDE FILA
PARA O NINHO QUEREM IR.

CANTIGA.

ALGUNS ALIMENTOS QUE COMEMOS SÃO DE ORIGEM ANIMAL. DESTAQUE AS PEÇAS DA PÁGINA 155 E COLE-AS AQUI PARA COMPLETAR AS CENAS.

VOCÊ SABIA QUE O LEITE E OS OVOS SÃO DE ORIGEM ANIMAL?

AGORA, PRESTE ATENÇÃO NESTA CENA. O QUE VOCÊ ACHA QUE ESTE CACHORRO ESTÁ FAZENDO? CONVERSE COM OS COLEGAS E O PROFESSOR.

PLANTAS

AS PLANTAS TAMBÉM SÃO SERES VIVOS.

PINTE AS IMAGENS PARA CONHECER O CICLO DE VIDA DESTA PLANTA.

NASCE.

CRESCE.

SE REPRODUZ.

MORRE.

CAIO AJUDA O PAI A CUIDAR DAS PLANTAS DO SÍTIO. OBSERVE A ORDEM DOS CUIDADOS COM AS PLANTAS E, DEPOIS, PINTE-AS.

> REGADOR NA MÃO, ÁGUA!
> NO JARDIM TUDO APARECE
> E DE TUDO CRESCE.
>
> **ELLEN PESTILI. HORTA, POMAR E JARDIM, BRINCADEIRA NÃO TEM FIM. SÃO PAULO: EDITORA DO BRASIL, 2016. P. 8-9.**

CUIDAR DA TERRA.

PLANTAR A SEMENTE.

REGAR COM ÁGUA.

RECEBER LUZ SOLAR PARA CRESCER.

COLE PEDAÇOS DE PAPEL CREPOM **VERDE** PARA FORMAR AS FOLHAS DESTA ÁRVORE. DEPOIS, COLE BOLINHAS DE CREPOM **VERMELHO** PARA OS FRUTOS E **AMARELO** PARA AS FLORES.

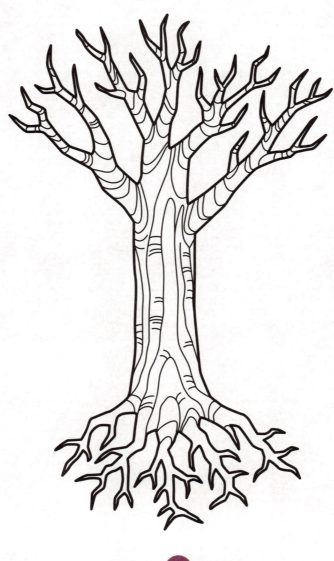

VOCÊ SABE QUAIS SÃO AS PARTES DE UMA PLANTA? PINTE ESTA ÁRVORE COM AS CORES INDICADAS NA LEGENDA PARA DESCOBRIR.

NO SÍTIO DO PAI DE CAIO HÁ ÁRVORES FRUTÍFERAS. LIGUE OS FRUTOS À RESPECTIVA ÁRVORE.

DESENHE SUA FRUTA FAVORITA.

AS PLANTAS SÃO MUITO UTILIZADAS NA ALIMENTAÇÃO DOS SERES HUMANOS. FAÇA UM **X** NO ALIMENTO QUE NÃO É DE ORIGEM VEGETAL.

O QUE É, O QUE É?

QUAL É A COISA, QUAL É ELA, CAI NO CHÃO E FICA AMARELA?

ADIVINHA.

PERGUNTE A UM ADULTO QUE MORA COM VOCÊ QUAL É O ALIMENTO DE ORIGEM VEGETAL MAIS CONSUMIDO POR SUA FAMÍLIA. DESENHE-O A SEGUIR.

CIRCULE DE **VERMELHO** O QUE PODEMOS COMER E DE **VERDE** O QUE PODEMOS USAR.

AO CHEGAR EM CASA, MEUS BISAVÓS TINHAM QUE ABRIR A PORTEIRA, FEITA COM MADEIRA PESADA. IMAGINA SE NAQUELE TEMPO ELES SONHAVAM COM PORTÃO ELETRÔNICO!

NYE RIBEIRO. NO TEMPO DOS MEUS BISAVÓS. SÃO PAULO: EDITORA DO BRASIL, 2013. P. 11.

MARQUE COM UM **X** A ORIGEM DE TODOS OS ELEMENTOS DAS IMAGENS ACIMA.

VEGETAL

ANIMAL

ASTROS

O SOL ILUMINA O DIA NO SÍTIO DO PAI DE CAIO. CUBRA O PONTILHADO PARA COMPLETAR O SOL E PINTE O CÉU.

ANOITECEU NO SÍTIO DO PAI DE CAIO. COM GIZ DE LOUSA BRANCO MOLHADO, DESENHE A LUA E AS ESTRELAS.

MINHA TIA VEIO DE LONGE,
TROUXE UMA LATA AMARELA.
DENTRO DELA DOZE PASTILHAS,
MINHA PRIMEIRA AQUARELA,
UM PINCEL DE PELO MACIO
E UM POUQUINHO DE ÁGUA.
PINTEI BARCOS, PEIXES, LUA.
PINTEI O SILÊNCIO DA NOITE
E OS BARULHOS DA RUA.

REGINA RENNÓ. **LÁPIS DE COR**. SÃO PAULO: EDITORA DO BRASIL, 2009. P. 10.

RECURSOS NATURAIS

O AR ESTÁ EM TODOS OS LUGARES. PINTE AS CENAS NAS QUAIS PERCEBEMOS A PRESENÇA DO AR.

A ÁGUA É O RECURSO NATURAL QUE MAIS UTILIZAMOS! OBSERVE ALGUMAS CENAS DE PESSOAS USANDO ÁGUA. DEPOIS, CONVERSE COM OS COLEGAS E O PROFESSOR A RESPEITO DISSO.

HIDRATAÇÃO.

LAZER.

HIGIENE.

CUIDADO COM AS PLANTAS.

AGORA DESENHE UMA SITUAÇÃO NA QUAL VOCÊ ESTEJA UTILIZANDO ÁGUA.

EDUCAÇÃO AMBIENTAL

PINTE AS CENAS EM QUE **NÃO** HÁ DESPERDÍCIO DE ÁGUA.

AGORA, FAÇA UM **X** NA CENA EM QUE A CRIANÇA ESTÁ DESPERDIÇANDO ENERGIA.

HEITOR E SUA IRMÃ CLARICE GOSTAM MUITO DE IR À PRAIA. COMPARE AS CENAS E FAÇA UM **X** NO QUE HÁ DE ERRADO NA SEGUNDA CENA.

OS LIXOS QUE VOCÊ ENCONTROU NA PRAIA DEVEM SER DESCARTADOS EM UMA LIXEIRA PRÓPRIA. DESENHE CADA ELEMENTO DO LIXO NO ESPAÇO DA LIXEIRA ADEQUADA.

OBSERVE A CENA.

CIRCULE O OBJETO QUE FOI REUTILIZADO NA CENA ANTERIOR.

VOCÊ SABIA QUE ALGUNS OBJETOS CONSIDERADOS LIXO PODEM SER REUTILIZADOS? VOCÊ CONHECE ALGUM? CONVERSE COM OS COLEGAS E O PROFESSOR SOBRE ISSO.

BRINCANDO COM HISTÓRIA

IDENTIDADE

ESTA É A BRUNA. E VOCÊ, QUEM É? COLE AQUI UMA FOTOGRAFIA SUA.

COMO VOCÊ SE CHAMA?

___

PINTE AS LETRAS QUE FORMAM SEU NOME.

> QUEM QUISER SABER MEU NOME
> DÊ UMA VOLTA NO JARDIM,
> O MEU NOME ESTÁ ESCRITO
> NUMA FOLHA DE JASMIM.
>
> PARLENDA.

A	B	C	D	E	F	G	H	I
J	K	L	M	N	O	P	Q	R
S	T	U	V	W	X	Y	Z	

CASINHA É A BRINCADEIRA PREFERIDA DE BRUNA. E QUAL É SUA BRINCADEIRA FAVORITA?

PINTE AS BRINCADEIRAS DE QUE MAIS GOSTA.

> PEGA-PEGA, ESCONDE-ESCONDE,
> BOCA DE FORNO, CASINHA,
> CABO DE GUERRA, QUEIMADO,
> TEM CIRANDA, CIRANDINHA
> QUE É BRINCADEIRA DE RODA.
>
> **ABDIAS CAMPOS. BRINCADEIRAS POPULARES.
> RECIFE: [S.N.], 2012. P. 8.**

BRUNA ESTÁ MOSTRANDO A IDADE COM OS DEDOS. PINTE A QUANTIDADE DE QUADRADINHOS QUE REPRESENTA A IDADE DELA.

E VOCÊ, QUANTOS ANOS TEM?
PINTE A MÃOZINHA QUE REPRESENTA SUA IDADE.

O QUE BRUNA NÃO CONSEGUIA FAZER SOZINHA QUANDO ERA MENOR?

CIRCULE A IMAGEM QUE MOSTRA O QUE ELA CONSEGUE FAZER SOZINHA AGORA.

DESENHE ALGO QUE VOCÊ CONSEGUE FAZER SOZINHO HOJE, MAS QUE NÃO CONSEGUIA FAZER QUANDO ERA MENOR.

BRUNA CRESCEU E MUDOU BASTANTE!

OBSERVE AS IMAGENS E MARQUE AS DIFERENÇAS.

E VOCÊ, MUDOU BASTANTE DESDE QUE ERA BEBÊ?

DESENHE SEU AUTORRETRATO DE HOJE E DE QUANDO ERA MAIS NOVO.

VEJA O ÁLBUM DE FOTOS DE BRUNA E OS MOMENTOS MAIS MARCANTES DA VIDA DELA.

E VOCÊ, SABE SUA HISTÓRIA? PINTE OS QUADROS DE ACORDO COM SUAS INFORMAÇÕES.

O PRIMEIRO DENTE DE BRUNA NASCEU QUANDO ELA TINHA 7 MESES.

COM QUANTOS MESES NASCEU SEU PRIMEIRO DENTE?

3	4	5	6	7
8	9	10	11	12

BRUNA DEU O PRIMEIRO PASSINHO QUANDO TINHA 11 MESES.

COM QUANTOS MESES VOCÊ COMEÇOU A ANDAR?

9	10	11	12	13
14	15	16	17	18

A BRUNA FALOU PELA PRIMEIRA VEZ COM 18 MESES.

COM QUANTOS MESES VOCÊ COMEÇOU A FALAR?

12	13	14	15	16
17	18	19	20	21
22	23	24	25	26

DIREITOS E DEVERES DAS CRIANÇAS

ESTUDAR É UM DIREITO DE TODAS AS CRIANÇAS. NA ESCOLA APRENDEMOS, BRINCAMOS E FAZEMOS AMIGOS.

PINTE A CENA EM QUE BRUNA ESTÁ NA ESCOLA COM OS COLEGAS.

ESTUDAR PARA CONHECER E SE CONHECER.
IGUAL À ÁRVORE, CRESCER E FRUTIFICAR.
APRECIAR E FAZER ARTE: RIR, CHORAR, DANÇAR...
SE SOLTAR, SENTIR E SE EXPRESSAR.

FÁBIO SGROI. SER HUMANO É... DECLARAÇÃO UNIVERSAL DOS DIREITOS HUMANOS PARA CRIANÇAS. SÃO PAULO: EDITORA DO BRASIL, 2018. P. 36.

NA TURMA DE BRUNA NINGUÉM É IGUAL A NINGUÉM!

TEM CRIANÇAS ALTAS, BAIXAS, QUE USAM ÓCULOS, UMA CADEIRANTE, OUTRA QUE USA APARELHO NOS DENTES... MAS UMA COISA TODAS ELAS TÊM EM COMUM: O RESPEITO UMAS PELAS OUTRAS.

A ESCOLA

TODO DIA,
NA ESCOLA,
A PROFESSORA,
O PROFESSOR.
A GENTE APRENDE,
E BRINCA MUITO
COM DESENHO,
TINTA E COLA.

MEUS AMIGOS
TÃO QUERIDOS
FAZEM FARRA,
FAZEM FILA.
O PAULINHO,
O PEDRÃO,
A PATRÍCIA
E A PRISCILA.

CLÁUDIO THEBAS. **AMIGOS DO PEITO**. BELO HORIZONTE: FORMATO, 1996. P. 8.

COMO É SUA TURMA? COLE UMA FOTOGRAFIA DELA.

VOCÊ SABE O QUE É LAZER? É O TEMPO LIVRE QUE TEMOS PARA NOS DISTRAIR E FAZER ATIVIDADES DIVERTIDAS.

MARQUE UM **X** NA CENA QUE MOSTRA A MÃE DE BRUNA EM UM MOMENTO DE LAZER COM A FAMÍLIA.

VOCÊ SABIA QUE TODA CRIANÇA TEM DIREITO AO LAZER?

DESENHE O QUE VOCÊ MAIS GOSTA DE FAZER NO SEU TEMPO LIVRE.

CONFORME CRESCEMOS, PODEMOS ASSUMIR ALGUMAS RESPONSABILIDADES OU DEVERES.

PINTE AS CENAS. DEPOIS, CIRCULE DE **AZUL** AS ATIVIDADES QUE BRUNA PODE FAZER E DE **VERMELHO** AS TAREFAS QUE SÃO RESPONSABILIDADE DOS ADULTOS.

TODA CRIANÇA TEM DIREITO A UM LAR AFETUOSO E DE SER BEM CUIDADA.

CIRCULE DE **VERDE** OS ATOS DE CUIDADO E DE **VERMELHO** OS MOMENTOS DE BRINCADEIRA.

> NASCER LIVRE, RECEBER AMOR E TER ABRIGO NUMA CASA COM VIZINHOS E AMIGOS.
>
> FÁBIO SGROI. **SER HUMANO É... DECLARAÇÃO UNIVERSAL DOS DIREITOS HUMANOS PARA CRIANÇAS.** SÃO PAULO: EDITORA DO BRASIL, 2018. P. 13.

VOCÊ GOSTA DE ESTAR COM SUA FAMÍLIA? EM QUAIS MOMENTOS VOCÊ SENTE O CUIDADO QUE SUA FAMÍLIA TEM COM VOCÊ?

FAMÍLIAS

A FAMÍLIA É NOSSO PRIMEIRO GRUPO DE CONVIVÊNCIA.

NOS FINS DE SEMANA, BRUNA COSTUMA VISITAR OS PARENTES. VAMOS CONHECÊ-LOS?

CIRCULE AS PESSOAS DE ACORDO COM A LEGENDA.

■ O AVÔ GOSTA DE TOCAR VIOLÃO.

■ O TIO CANTA MUITO BEM.

■ A AVÓ AMA FLORES.

■ O PRIMO TEM 2 ANOS DE IDADE.

BRINCANDO COM ARTE

QUE TAL FAZER UM PORTA-RETRATOS PARA COLOCAR UMA FOTOGRAFIA DE SUA FAMÍLIA?

Fotografias: Dotta2

DESENHE AQUI AS PESSOAS DE SUA FAMÍLIA QUE APARECEM NA FOTOGRAFIA QUE VOCÊ COLOU NO PORTA-RETRATOS.

É TÃO BOM VIVERMOS EM UMA CASA LIMPA E ORGANIZADA!

NA CASA DE BRUNA, AS TAREFAS DOMÉSTICAS SÃO RESPONSABILIDADE DE TODOS OS MORADORES.

VAMOS AJUDAR BRUNA EM SUAS TAREFAS? LIGUE AS IMAGENS.

DE QUE OS AVÓS DE BRUNA BRINCAVAM QUANDO ERAM CRIANÇAS?

DESTAQUE AS FIGURAS DA PÁGINA 147 E COLE-AS AQUI. VOCÊ CONHECE ALGUMA DESSAS BRINCADEIRAS?

> IMAGINEM QUE NAQUELE TEMPO AINDA NEM EXISTIA ASFALTO. AS RUAS ERAM DE TERRA OU DE PARALELEPÍPEDO. MAS, EM COMPENSAÇÃO, AS CRIANÇAS [...] BRINCAVAM DE PEGA-PEGA, DE RODA, DE ESCONDE-ESCONDE, PASSA-ANEL, BARRA-MANTEIGA. E SÓ IAM PARA CASA NA HORA DE DORMIR. MAS AINDA NEM SONHAVAM COM *VIDEO GAME*.
>
> **NYE RIBEIRO. NO TEMPO DOS MEUS BISAVÓS. SÃO PAULO: EDITORA DO BRASIL, 2014. P. 21.**

BRUNA ADORA VIAJAR COM A FAMÍLIA. É SEU MOMENTO DE LAZER PREFERIDO.

ANO PASSADO, BRUNA FOI À PRAIA PELA PRIMEIRA VEZ.

DESTAQUE AS IMAGENS DA PÁGINA 155 E COLE-AS NA ORDEM.

VOCÊ SE LEMBRA DE ALGUM PASSEIO DIVERTIDO QUE FEZ COM A FAMÍLIA? DESENHE-O AQUI E DEPOIS CONTE AOS COLEGAS COMO FOI.

NÃO ESTOU SOZINHO

A ESCOLA TAMBÉM É LUGAR DE FAZER AMIGOS!
ESTE É FELIPE, PRIMO DE BRUNA.
VAMOS CONHECER ALGUNS AMIGOS DE FELIPE?
CIRCULE-OS DE ACORDO COM A LEGENDA.

> MINHA MESA ESTÁ PERTO DA JANELA. COMIGO SE SENTAM MARIA, MATIAS, BETO E NINA. TRABALHAMOS JUNTOS E NOS AJUDAMOS.
> **PILAR RAMOS. A ESCOLA DE INÊS.** SÃO PAULO: EDITORA DO BRASIL, 2010. P. 10.

 MATIAS ESTÁ PINTANDO COM PINCEL.

 BETO ESTÁ RECORTANDO UM DESENHO.

 MARIA ESTÁ BRINCANDO COM MASSINHA

 NINA ESTÁ LENDO UM LIVRO.

EM UMA FOLHA À PARTE, DESENHE O QUE VOCÊ MAIS GOSTA DE FAZER COM SEUS AMIGOS DA ESCOLA.

PARA CONVIVER BEM COM OS COLEGAS E O PROFESSOR, PRECISAMOS RESPEITAR ALGUMAS REGRAS.

CIRCULE DE **VERDE** AS BOAS ATITUDES E FAÇA UM **X** NAS ATITUDES RUINS.

ORGANIZAR OS MATERIAIS.

JOGAR LIXO NO CHÃO.

CORRER NA SALA.

ESPERAR A VEZ DE FALAR.

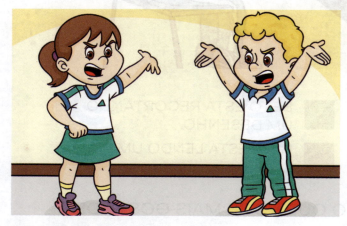

BRIGAR COM OS COLEGAS.

COMPARTILHAR OS MATERIAIS.

O USO DE ALGUMAS PALAVRAS TAMBÉM É IMPORTANTE PARA O CONVÍVIO COM TODOS.

OBSERVE AS CENAS, DESTAQUE OS BALÕES DA PÁGINA 147 E COLE AS FALAS DE FELIPE.

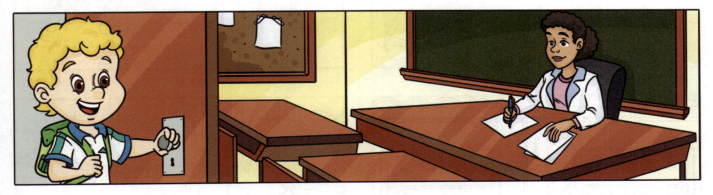

OS VIZINHOS SÃO AS PESSOAS QUE MORAM PERTO DE NÓS E TAMBÉM PODEM SER NOSSOS AMIGOS! VAMOS CONHECER OS VIZINHOS DE FELIPE?

PINTE AS CENAS QUE DEMONSTRAM BOA CONVIVÊNCIA ENTRE VIZINHOS.

> MORO EM UMA RUA QUE NÃO É GRANDE NEM PEQUENA E TEM GENTE DE TODO JEITO.
> **REGINA OTERO E REGINA RENNÓ. NINGUÉM É IGUAL A NINGUÉM.** SÃO PAULO: EDITORA DO BRASIL, 2008. P. 3.

O TEMPO PASSA

FELIPE APRENDEU QUE HÁ VÁRIAS MANEIRAS DE CONTAR O TEMPO.

CIRCULE DE **AMARELO** O INSTRUMENTO QUE USAMOS PARA MEDIR AS HORAS E DE **AZUL** O QUE USAMOS PARA MARCAR OS DIAS.

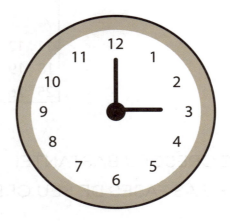

DESENHE UM ATIVIDADE QUE VOCÊ FAZ NOS PERÍODOS ABAIXO.

DURANTE O DIA	À NOITE

FELIPE FAZ ANIVERSÁRIO NO DIA 5 DE OUTUBRO.

MARQUE A DATA DO ANIVERSÁRIO DELE NO CALENDÁRIO.

OUTUBRO 2020						
D	S	T	Q	Q	S	S
				1	2	3
4	5	6	7	8	9	10
11	12	13	14	15	16	17
18	19	20	21	22	23	24
25	26	27	28	29	30	31

FELIPE CRESCEU BASTANTE!

NUMERE AS FASES DE SEU CRESCIMENTO. DEPOIS, PINTE AS IMAGENS.

FELIPE FOI VISITAR O "PATEO DO COLLEGIO", EM SÃO PAULO, LUGAR QUE RECORDA A FUNDAÇÃO DESSA CIDADE.

MARQUE UM **X** NA IMAGEM ANTIGA E CONVERSE COM OS COLEGAS E O PROFESSOR SOBRE AS DIFERENÇAS ENTRE ELAS.

BENEDITO CALIXTO. **ANTIGO PÁTIO DO COLÉGIO**. ÓLEO SOBRE TELA, 35 CM × 60 CM.

PATEO DO COLLEGIO NO CENTRO DA CIDADE DE SÃO PAULO. SÃO PAULO, 2018.

EM SUA CIDADE EXISTE ALGUM LOCAL OU MONUMENTO QUE RELEMBRA UM ACONTECIMENTO HISTÓRICO? DESENHE-O AQUI.

INFLUÊNCIAS CULTURAIS

A CULINÁRIA BRASILEIRA É MUITO RICA! VÁRIOS PRATOS SÃO HERANÇA DE DIFERENTES POVOS.

FELIPE AMA QUINDIM. VOCÊ CONHECE ESSE DOCE?

OUÇA A LISTA DE INGREDIENTES E PINTE-OS.

OVOS
AÇÚCAR
COCO RALADO

A FEIJOADA É UM DOS PRATOS MAIS FAMOSOS DO BRASIL.

DESTAQUE OS INGREDIENTES DA PÁGINA 149 E COLE-OS AO REDOR DA PANELA DE FEIJOADA.

FEIJOADA

INGREDIENTES:

- FEIJÃO-PRETO;
- CARNE-SECA, COSTELINHA E LINGUIÇA;
- FOLHA DE LOURO;
- ALHO.

MODO DE PREPARO

COZINHE O FEIJÃO. DEPOIS, COLOQUE AS CARNES NA PANELA, ACRESCENTE A FOLHA DE LOURO E DEIXE COZINHAR POR MAIS 30 MINUTOS. QUANDO TUDO ESTIVER COZIDO, DOURE O ALHO E MISTURE-O NO FEIJÃO. COZINHE POR MAIS 15 MINUTOS E ESTÁ PRONTA!

OS POVOS INDÍGENAS FORAM OS PRIMEIROS A PLANTAR E COMER MANDIOCA. HOJE ESSE ALIMENTO É USADO EM DIVERSAS RECEITAS.

LIGUE OS INGREDIENTES AOS PRATOS.

FARINHA.

TUCUPI.

GOMA.

TAPIOCA.

TACACÁ.

FAROFA.

VOCÊ CONHECE OUTRO PRATO FEITO COM MANDIOCA? DESENHE-O AQUI.

BRINCANDO COM GEOGRAFIA

ESPAÇOS URBANOS E RURAIS

LAURA E DIOGO SÃO PRIMOS. LAURA MORA NA CIDADE E DIOGO MORA NO CAMPO.

ESCREVA A LETRA **L** NA IMAGEM DA CIDADE E A LETRA **D** NA IMAGEM DO CAMPO.

EM QUAL DOS DOIS LOCAIS VOCÊ ACREDITA QUE VIVAM MAIS PESSOAS?

O PAI DE DIOGO PRODUZ QUEIJOS NO SÍTIO ONDE MORAM. DESTAQUE AS IMAGENS DA PÁGINA 149 E COLE-AS NA ORDEM.

A MÃE DE LAURA É ENGENHEIRA, TRABALHA NA CONSTRUÇÃO DE CASAS E EDIFÍCIOS.

CUBRA O TRACEJADO E AJUDE-A A TERMINAR ESTE PRÉDIO.

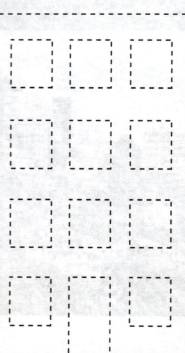

LAURA E DIOGO GOSTAM DE SE DIVERTIR!

CUBRA OS TRACEJADOS E LEVE-OS AOS LUGARES QUE GOSTAM DE VISITAR.

TRANSFORMAÇÃO DO ESPAÇO

ESTÃO CONSTRUINDO UM NOVO SUPERMERCADO PRÓXIMO À CASA DE LAURA.

OBSERVE AS IMAGENS E NUMERE AS CENAS NA ORDEM. DEPOIS, CONVERSE COM OS COLEGAS SOBRE O QUE ACONTECEU.

AGORA É SUA VEZ! DESENHE UMA CASA BEM BONITA NESTE TERRENO.

PRÓXIMO À CASA DE DIOGO PASSA UM PEQUENO RIO. ÀS VEZES, ELE FICA BEM CHEIO E OUTRAS, MAIS SECO.

PINTE O RIO QUE ESTÁ MAIS CHEIO.

LAURA GOSTA DE BRINCAR NA PRAÇA. MAS VEJA O QUE ACONTECEU! A VEGETAÇÃO CRESCEU E QUASE COBRIU OS BRINQUEDOS.

ENCONTRE OS BRINQUEDOS E CIRCULE-OS.

A ESCOLA DE LAURA FICA DO OUTRO LADO DO RIO. PARA CHEGAR LÁ, ELA PRECISA ATRAVESSAR UMA PONTE.

CUBRA O TRACEJADO PARA FORMAR A PONTE E, DEPOIS, PINTE-A.

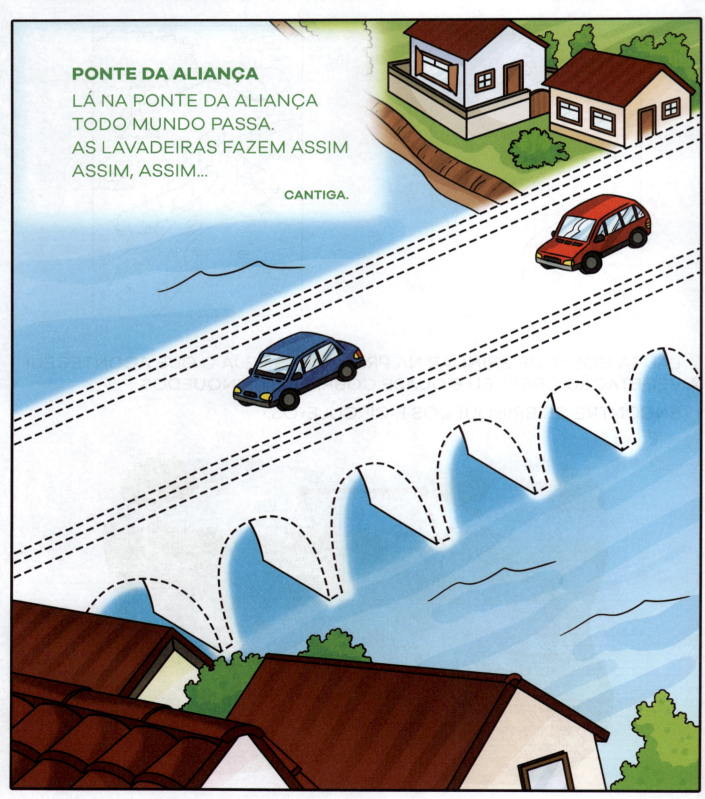

PONTE DA ALIANÇA

LÁ NA PONTE DA ALIANÇA
TODO MUNDO PASSA.
AS LAVADEIRAS FAZEM ASSIM
ASSIM, ASSIM...

CANTIGA.

COMO É O LUGAR ONDE VOCÊ VIVE?

OS BAIRROS SÃO DIFERENTES. ALGUNS TÊM MUITAS CONSTRUÇÕES, COMO SUPERMERCADOS, PONTES, PRÉDIOS E CASAS; OUTROS TÊM MAIS ÁREAS VERDES, COMO PRAÇAS, ÁRVORES E CANTEIROS.

DESENHE O BAIRRO ONDE VOCÊ MORA.

A VIZINHANÇA

[...]
QUANDO CHEGA O FIM DO DIA,
O SOL SE ESCONDE
E CHAMA A LUA.
TODA A RUA SILENCIA.
CADA LAR, CADA CASINHA,
RECOLHE OS FILHOS SEUS. [...]

CLÁUDIO THEBAS. **AMIGOS DO PEITO**. BELO HORIZONTE: FORMATO EDITORIAL, 1996. P. 11.

OS BAIRROS TÊM VÁRIOS ESTABELECIMENTOS COMERCIAIS.
PINTE OS ESTABELECIMENTOS QUE HÁ PRÓXIMO A SUA CASA.

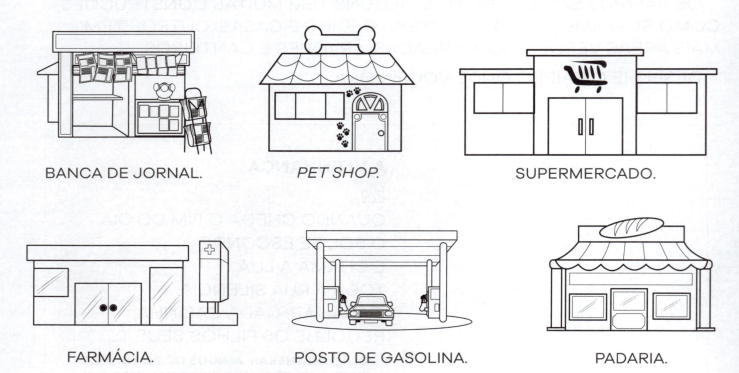

AONDE VOCÊ VAI QUANDO PRECISA CORTAR O CABELO?
MARQUE A RESPOSTA COM UM **X**.

CIRCULE O ESTABELECIMENTO ONDE SE COMPRA PÃO.

PARA IR A LOCAIS DISTANTES, PRECISAMOS DOS MEIOS DE TRANSPORTE. PINTE OS MEIOS DE TRANSPORTE QUE VOCÊ OBSERVA COM FREQUÊNCIA EM SEU BAIRRO.

> VOAR DE BICICLETA ATÉ O OUTRO LADO DO MUNDO. PASSEAR, FICAR OU SÓ IR E VOLTAR?
>
> **FÁBIO SGROI. SER HUMANO É... DECLARAÇÃO UNIVERSAL DOS DIREITOS HUMANOS PARA CRIANÇAS. SÃO PAULO: EDITORA DO BRASIL, 2018. P. 24.**

QUAIS DESSES MEIOS DE TRANSPORTE LEVAM MUITOS PASSAGEIROS AO MESMO TEMPO? MARQUE-OS COM **X**.

LAURA AMA BRINCAR NA PRAÇA DO BAIRRO.
ENCONTRE CINCO DIFERENÇAS ENTRE AS IMAGENS.

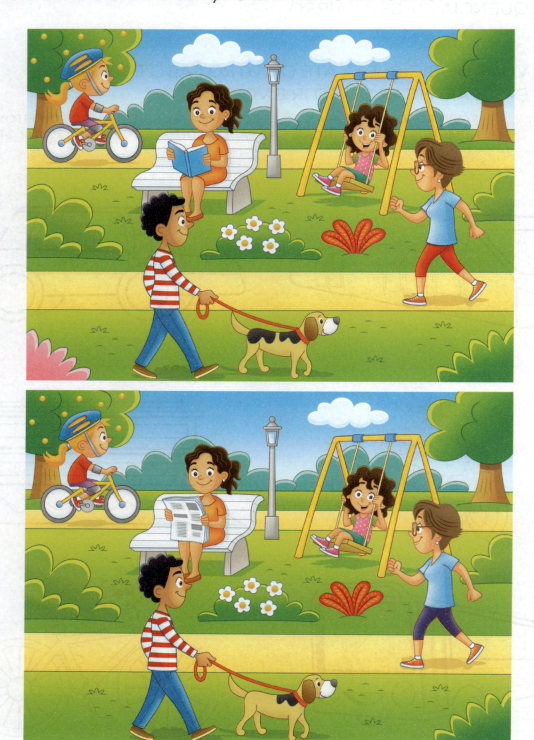

QUAIS ATIVIDADES DE LAZER HÁ EM SEU BAIRRO? O QUE VOCÊ E SUA FAMÍLIA GOSTAM DE FAZER? CONVERSE COM OS COLEGAS.

A CASA

AS MORADIAS PODEM ESTAR EM LUGARES COM PRAIA, MONTANHA, EM ÁREA RURAL, URBANA ETC.

MARQUE COM UM **X** A IMAGEM QUE MAIS SE PARECE COM O LUGAR ONDE VOCÊ MORA.

EXISTEM MUITOS TIPOS DE MORADIA.

PINTE AS DIFERENTES MORADIAS E CIRCULE A QUE MAIS SE PARECE COM A SUA.

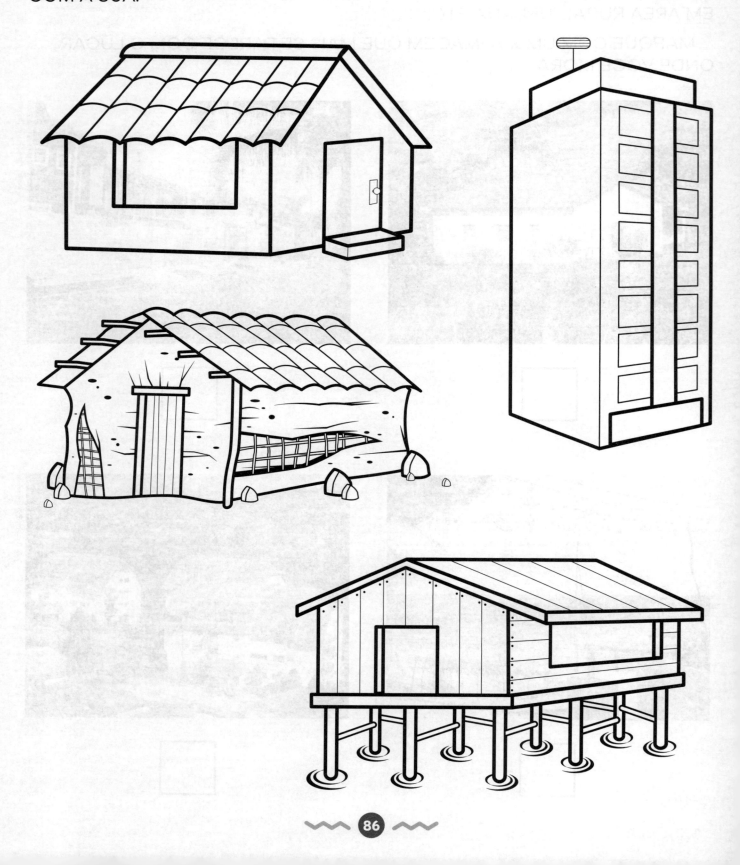

NAS CASAS HÁ DIFERENTES AMBIENTES.

CUBRA O TRACEJADO PARA LEVAR CADA CRIANÇA ATÉ O CÔMODO AO QUAL ELA PRECISA IR.

> GUARDAR UM SEGREDO EMBAIXO DA CAMA E OUTRO NA GAVETA, LONGE DE GENTE BISBILHOTEIRA OU XERETA.
>
> FÁBIO SGROI. **SER HUMANO É... DECLARAÇÃO UNIVERSAL DOS DIREITOS HUMANOS PARA CRIANÇAS.** SÃO PAULO: EDITORA DO BRASIL, 2018. P. 22.

RECORTE DE JORNAIS E REVISTAS IMAGENS DE OBJETOS E MÓVEIS E COLE-OS NOS CÔMODOS DA CASA ONDE COSTUMAM SER USADOS.

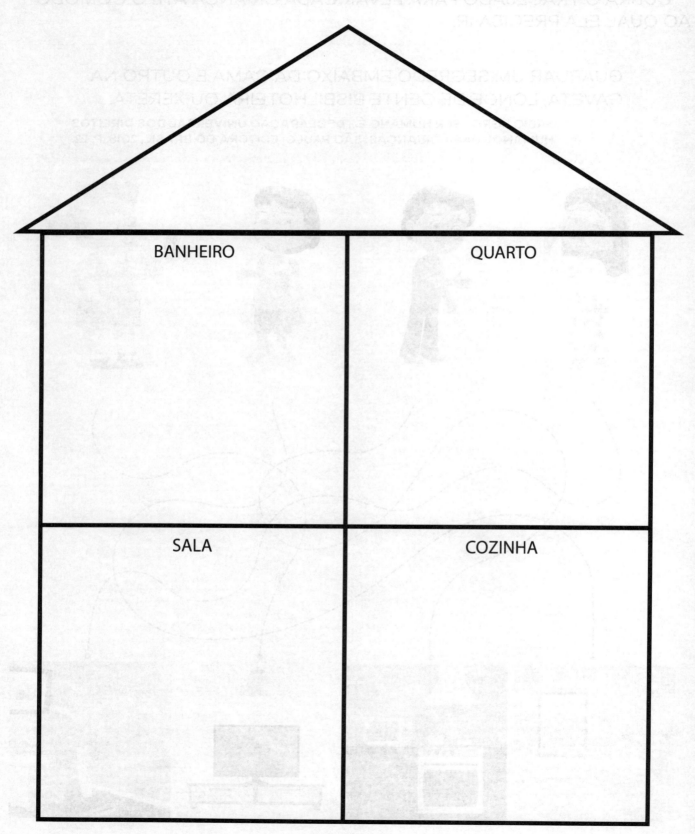

EM QUAL CÔMODO DE SUA CASA VOCÊ MAIS GOSTA DE FICAR? PINTE SEU AMBIENTE PREFERIDO NA CASA A SEGUIR.

A ESCOLA

ASSIM COMO AS CASAS, AS ESCOLAS TAMBÉM SÃO DIFERENTES. OBSERVE AS IMAGENS E FAÇA UM **X** NA ESCOLA QUE MAIS SE PARECE COM A SUA.

QUAL É A PRIMEIRA ATIVIDADE QUE VOCÊ FAZ QUANDO CHEGA À ESCOLA? PINTE-A.

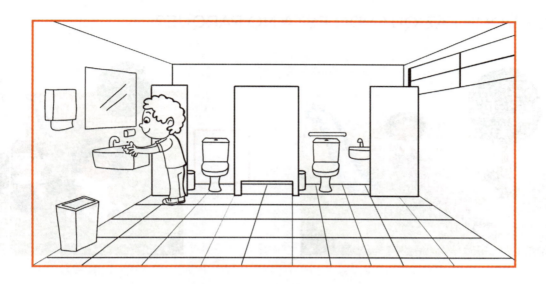

AS ÁREAS DA ESCOLA TÊM DIFERENTES FUNÇÕES.
MARQUE COM UM **X** O QUE VOCÊ FAZ NOS LUGARES A SEGUIR.

- O QUE VOCÊ FAZ QUANDO ESTÁ NO PARQUE?

- E QUANDO ESTÁ NA SALA DE AULA?

- E NO REFEITÓRIO?

HOJE É O PRIMEIRO DIA DE AULA DE DIOGO NA ESCOLA NOVA. LEVE-O ATÉ O PROFISSIONAL QUE VAI RECEBÊ-LO.

CIRCULE, DE ACORDO COM A LEGENDA, OUTROS PROFISSIONAIS QUE TRABALHAM NA ESCOLA.

 PREPARA A COMIDA.    CONTROLA A ENTRADA.

PORTEIRO.

MERENDEIRA.

PROFISSÕES

VOCÊ CONHECE ESTA PROFISSÃO?

PINTE OS ESPAÇOS COM PONTOS E DESCUBRA O QUE ESTE PROFISSIONAL FAZ.

CIRCULE APENAS OS INSTRUMENTOS DE TRABALHO DO PADEIRO.

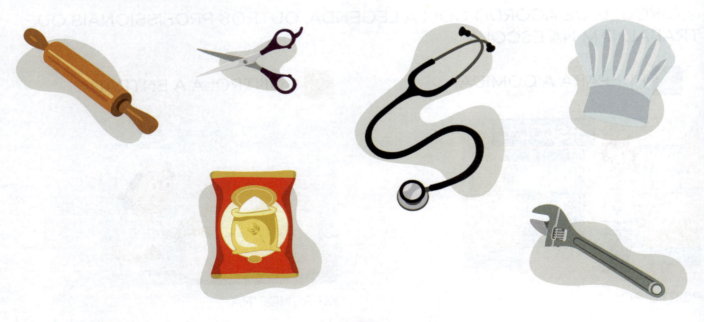

VOCÊ CONHECE AS PROFISSÕES DE SEUS FAMILIARES?

RECORTE E COLE AQUI IMAGENS QUE REPRESENTAM ESSAS PROFISSÕES.

OBSERVE A IMAGEM E CIRCULE AS PESSOAS DE ACORDO COM A LEGENDA.

 CARTEIRO

 BOMBEIRO

🟧 GUARDA DE TRÂNSITO

🟦 GARI

O TEMPO – CONDIÇÕES ATMOSFÉRICAS

DIOGO VIAJOU PARA A PRAIA E LAURA, PARA AS MONTANHAS. COMO ESTÁ O TEMPO EM CADA LUGAR?

OBSERVE AS ROUPAS E OS ACESSÓRIOS QUE ELES ESTÃO USANDO E DESENHE COMO ESTÁ O TEMPO.

LAURA AMA PASSEAR EM GRAMADO, CIDADE DO RIO GRANDE DO SUL. PINTE A MOLDURA DA PAISAGEM QUE MOSTRA UM DIA FRIO NESTA CIDADE.

OBSERVE A TIRINHA.

O QUE ACONTECEU? CONVERSE COM OS COLEGAS.

O QUE VOCÊ GOSTA DE FAZER QUANDO CHOVE? DESENHE.

ESTAÇÕES DO ANO

VOCÊ CONHECE AS ESTAÇÕES DO ANO?

DESTAQUE AS IMAGENS DA PÁGINA 157 E COLE-AS DE ACORDO COM AS LEGENDAS.

PRIMAVERA.

VERÃO.

OUTONO.

INVERNO.

PINTE A IMAGEM QUE MOSTRA A ESTAÇÃO CHUVOSA.

PINGOS

PIN
PIN
PINGA.
O PINGO
PINGA
E QUER BIS.
ENQUANTO PINGA
RESPINGA
PINGANDO OS PINGOS
NOS IS.

MARIA AUGUSTA DE MEDEIROS. JACARÉ COM JANELINHA – QUEM JÁ VIU QUE ME APRESENTE! – E OUTROS POEMAS. BELO HORIZONTE: FORMATO EDITORIAL, 2009. P. 26.

HIDROGRAFIA

PAULA APROVEITOU A TARDE NA BEIRA DE UM LAGO. DESTAQUE OS ANIMAIS DA PÁGINA 149 E COLE-OS NO LAGO.

QUANTOS ANIMAIS HÁ NA CENA? PINTE UM QUADRO PARA CADA ANIMAL.

AS ÁGUAS DOS RIOS ESTÃO SEMPRE EM MOVIMENTO. POR ISSO, OS RIOS TAMBÉM SÃO VIAS DE TRANSPORTE.

DESENHE VOCÊ DENTRO DO BARCO.

RELEVO

MATEUS MORA NO ALTO DA MONTANHA E SEU AMIGO ALEX MORA NA BEIRA DO RIO.

PINTE A CASA DE MATEUS DE **VERMELHO** E A CASA DE ALEX DE **AZUL**.

LORENA MORA EM UMA LADEIRA E SUA AMIGA ISABELA MORA EM UMA RUA PLANA.

PINTE DE **VERDE** A MOLDURA DA FOTO DA RUA DE LORENA E DE **LARANJA** A MOLDURA DA FOTO DA RUA DE ISABELA.

ORIENTAÇÃO ESPACIAL

LUIZA E DAVI GOSTAM MUITO DE BRINCAR DE GANGORRA. CIRCULE QUEM ESTÁ NA POSIÇÃO MAIS ALTA DA GANGORRA.

TRACE COM COLA COLORIDA O CAMINHO DE DAVI E SEU PAI ATÉ A CASA DA AVÓ.

CIRCULE OS ELEMENTOS DE ACORDO COM A LEGENDA.

▪ O QUE ESTÁ AO LADO DA CASA DA AVÓ DE DAVI.

▪ O QUE ESTÁ EM FRENTE À CASA DA AVÓ DE DAVI.

VEJA QUANTAS CRIANÇAS ESTÃO BRINCANDO NA PISCINA! ENCONTRE DAVI E MARQUE-O COM UM **X**.

VOCÊ VIU ESTES OBJETOS NA PISCINA? PINTE APENAS OS QUE ESTÃO NA CENA.

  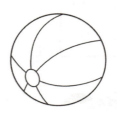 

MEIOS DE COMUNICAÇÃO

OBSERVE A TIRINHA E CIRCULE O MEIO DE COMUNICAÇÃO USADO POR CEBOLINHA.

PINTE OS QUADRINHOS DE ACORDO COM A LEGENDA.

MEIOS DE COMUNICAÇÃO QUE VOCÊ USARIA PARA:

 FALAR COM QUEM ESTÁ LONGE.

 SABER AS NOTÍCIAS.

DESTAQUE AS PEÇAS DA PÁGINA 159, MONTE O QUEBRA-CABEÇA E DESCUBRA QUAL É O MEIO DE COMUNICAÇÃO PREFERIDO DE LUIZA.

MEIOS DE TRANSPORTE

QUANDO PRECISAMOS NOS LOCOMOVER PARA LOCAIS DISTANTES, UTILIZAMOS MEIOS DE TRANSPORTE.

COMPLETE E PINTE OS DESENHOS.

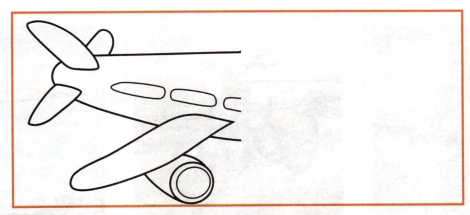

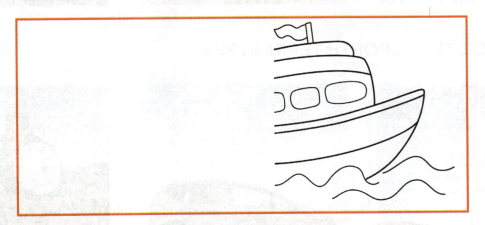

VOCÊ CONHECE ESSES MEIOS DE TRANSPORTE? CONVERSE COM OS COLEGAS.

PARECE QUE ALGUMA COISA ESTÁ ERRADA!
CIRCULE O MEIO DE TRANSPORTE QUE NÃO FAZ PARTE DO GRUPO.

- MEIOS DE TRANSPORTE AQUÁTICOS

- MEIOS DE TRANSPORTE AÉREOS

- MEIOS DE TRANSPORTE TERRESTRES

BRINCANDO COM ARTE

VAMOS FAZER UM CARRINHO?

DESENHE AQUI A PISTA QUE VOCÊ E SEUS COLEGAS MONTARAM NO CHÃO PARA BRINCAR COM O CARRINHO.

TRÂNSITO

VOCÊ CONHECE OS SINAIS DE TRÂNSITO?
OBSERVE A CENA E CIRCULE SEIS SINAIS DE TRÂNSITO.

TODOS OS VEÍCULOS PRECISAM RESPEITAR O SEMÁFORO.
PINTE AS CORES DO SEMÁFORO COM TINTA GUACHE.

VOCÊ SABE O QUE SIGNIFICA CADA COR?
PINTE OS CARRINHOS DE ACORDO COM O SIGNIFICADO.

SIGA.   PARE.   ATENÇÃO.

BRINCANDO COM DATAS COMEMORATIVAS

CARNAVAL

VOCÊ JÁ ESCOLHEU SUA FANTASIA PARA O CARNAVAL? DESENHE VOCÊ FANTASIADO E DEPOIS PINTE A CENA.

FANTASIA

NA FESTA À FANTASIA, TODOS QUISERAM VESTIR POESIA.
O ABRAÇO QUIS IR DE BEIJO.
O BEIJO QUIS IR DE ABRAÇO.

JONAS RIBEIRO. **ABRAÇOS BEIJADOS, BEIJOS ABRAÇADOS.** SÃO PAULO: EDITORA DO BRASIL, 2013. P. 22.

PÁSCOA

O COELHO DA PÁSCOA ESCONDEU CINCO OVOS NA CENA! VOCÊ CONSEGUE DESCOBRIR ONDE ELES ESTÃO?

CIRCULE OS OVOS QUE ENCONTRAR.

DIA NACIONAL DO LIVRO INFANTIL – 18 DE ABRIL

O DIA NACIONAL DO LIVRO INFANTIL FOI CRIADO PARA HOMENAGEAR MONTEIRO LOBATO, UM DOS MAIORES ESCRITORES DE LITERATURA INFANTIL DO BRASIL. UMA DE SUAS PERSONAGENS MAIS FAMOSAS É A BONECA EMÍLIA.

DESTAQUE AS PARTES DO CORPO DA EMÍLIA DA PÁGINA 151 E COLE-AS A SEGUIR PARA MONTAR A BONECA.

DIA DO ÍNDIO – 19 DE ABRIL

O GAVIÃO E OS PASSARINHOS É UMA BRINCADEIRA INDÍGENA MUITO DIVERTIDA. VAMOS BRINCAR?

CUBRA O TRACEJADO E AJUDE A COMPLETAR A ÁRVORE ONDE FICARÃO OS PASSARINHOS.

DESCOBRIMENTO DO BRASIL – 22 DE ABRIL

TERRA À VISTA! O MONTE PASCOAL FOI O PRIMEIRO PEDAÇO DE TERRA AVISTADO PELOS PORTUGUESES.

LIGUE OS PONTOS E PINTE O MONTE PASCOAL.

DIA DO TRABALHO – 1º DE MAIO

LIGUE O PROFISSIONAL A SEU AMBIENTE DE TRABALHO.

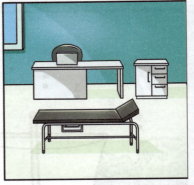

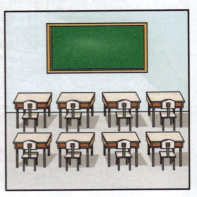

DIA DAS MÃES – 2º DOMINGO DE MAIO

PINTE E RECORTE O CARTÃO PARA PRESENTEAR A MAMÃE OU A PESSOA QUE CUIDA DE VOCÊ.

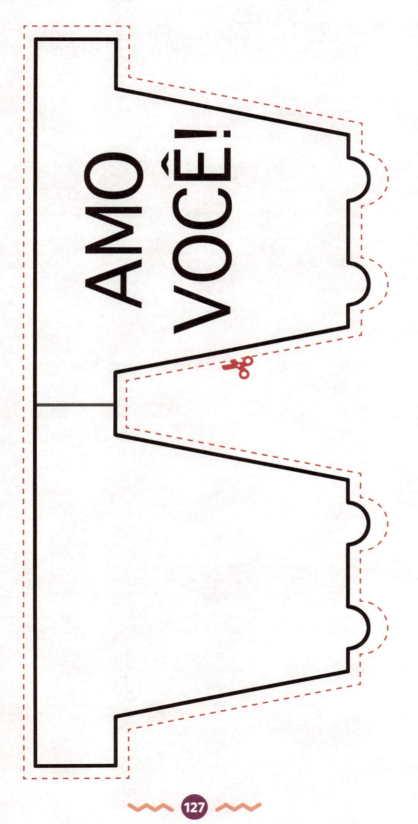

DIA DO MEIO AMBIENTE – 5 DE JUNHO

QUE TAL CUIDAR DO PLANETA E CONSTRUIR UM BRINQUEDO EM VEZ DE COMPRÁ-LO?

FAÇA UM BILBOQUÊ COM LIXO RECICLÁVEL.

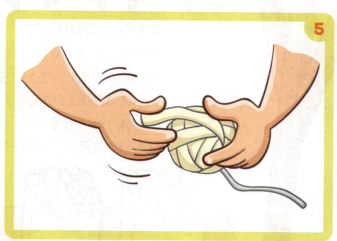

FESTAS JUNINAS

O MILHO É UTILIZADO EM MUITAS COMIDAS TÍPICAS DAS FESTAS JUNINAS.

PINTE AQUELAS DE QUE VOCÊ MAIS GOSTA.

BARRAQUINHA

VEM, VEM, VEM, SINHAZINHA
VEM, VEM, VEM, SINHAZINHA
VEM, VEM PARA PROVAR
VEM, VEM, VEM, SINHAZINHA
NA BARRAQUINHA COMPRAR.   CANTIGA.

DIA DOS PAIS – 2º DOMINGO DE AGOSTO

COMO SÃO GOSTOSOS OS MOMENTOS QUE PASSAMOS AO LADO DE QUEM CUIDA DE NÓS!

PINTE E ENFEITE A MOLDURA E COLE UMA FOTO SUA COM SEU PAPAI OU COM A PESSOA QUE CUIDA DE VOCÊ. DEPOIS, RECORTE O RETRATO E ENTREGUE-O A QUEM VOCÊ AMA.

DIA DO FOLCLORE – 22 DE AGOSTO

O FOLCLORE BRASILEIRO TEM MUITAS LENDAS FANTÁSTICAS! LIGUE OS PONTOS, DESCUBRA UM PERSONAGEM E PINTE-O.

A MULA
SEM CABEÇA
É HORRIPILANTE...
MAS NA HORA DA FOME
MORRE DE VERGONHA:
NÃO TEM BOCA PARA PEDIR
NO RESTAURANTE.

RENATA BUENO. QUEM TEM MEDO? SÃO PAULO: EDITORA DO BRASIL, 2015.

DIA DA INDEPENDÊNCIA DO BRASIL – 7 DE SETEMBRO

FOI D. PEDRO I QUEM DECLAROU A INDEPENDÊNCIA DE NOSSO PAÍS ÀS MARGENS DO RIO IPIRANGA. VEJA AS CENAS E ENCONTRE 5 DIFERENÇAS ENTRE ELAS.

DIA DA ÁRVORE – 21 DE SETEMBRO

PRÓXIMO À CHEGADA DA PRIMAVERA, COMEMORAMOS O DIA DA ÁRVORE.

DESTAQUE AS FIGURAS DA PÁGINA 151 E ENFEITE A ÁRVORE.

DIA INTERNACIONAL DO IDOSO – 1º DE OUTUBRO

TODO IDOSO TEM DIREITO AO LAZER.

CUBRA OS CAMINHOS COM COLA COLORIDA E DESCUBRA O QUE CADA IDOSO VAI FAZER.

DIA DA CRIANÇA – 12 DE OUTUBRO

SER CRIANÇA É BOM DEMAIS!

PINTE E RECORTE O FANTOCHE. DEPOIS, É SÓ MONTÁ-LO E SE DIVERTIR!

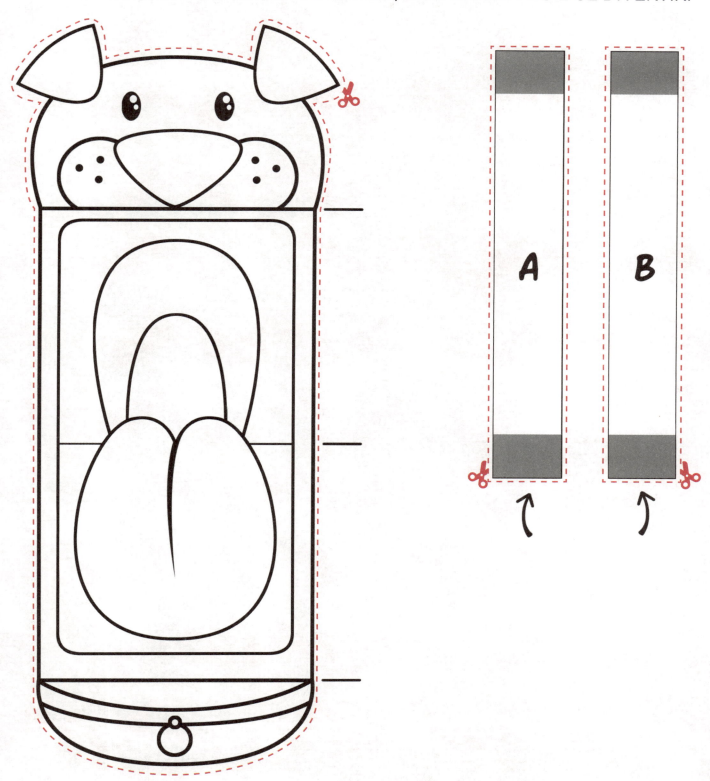

DIA DO PROFESSOR – 15 DE OUTUBRO

VAMOS PRESTIGIAR NOSSOS PROFESSORES COM UM LINDO MARCADOR DE PÁGINA?

PINTE E RECORTE O MARCADOR, DEPOIS PRESENTEIE O PROFESSOR OU A PROFESSORA.

DIA DA BANDEIRA – 19 DE NOVEMBRO

VOCÊ SABIA QUE A BANDEIRA DO BRASIL TEM TRÊS FORMAS GEOMÉTRICAS?

PINTE COM TINTA GUACHE E PINCEL SOMENTE AS FORMAS QUE APARECEM NA BANDEIRA DO BRASIL.

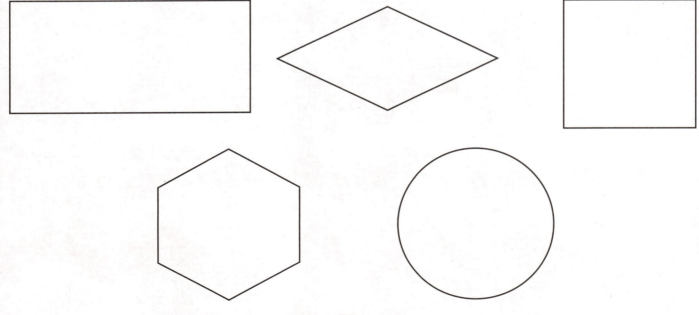

DIA DA CONSCIÊNCIA NEGRA – 20 DE NOVEMBRO

VOCÊ JÁ VIU UMA MÁSCARA AFRICANA? EM ALGUMAS TRIBOS, ELAS REPRESENTAM AS FAMÍLIAS E PROMESSAS DE BOAS COLHEITAS.

PINTE A MÁSCARA.

NATAL – 25 DE DEZEMBRO

A FESTA DE NATAL TEM VÁRIOS SÍMBOLOS CHEIOS DE SIGNIFICADO! CUBRA O TRACEJADO. DEPOIS, ENFEITE O SINO COM PAPEL LAMINADO.

ENCARTES DE ADESIVOS
PÁGINA 13

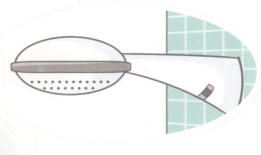

PÁGINA 24

PÁGINA 63

PÁGINA 67

PÁGINA 73

PÁGINA 76

PÁGINA 104

PÁGINA 123

PÁGINA 135

ENCARTES DE PICOTES
PÁGINA 12

PÁGINA 32

PÁGINA 64

PÁGINA 101

PÁGINA 113

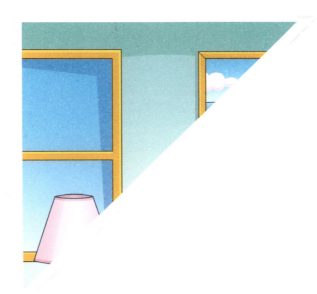